만인시인선·52

버선 한 척

백점례 시집

버선 한 척

만인사

시인의 말

누군가의 마음 속에
오래 남겨지는 글을 쓰고 싶었다.

시 때문에 행복했지만,
이쯤에서 허물 많은 나를 끌어안는다.

이 시집이 사랑하는 가족들에게
작은 기쁨이 될 수 있다면 다행이겠다.

차 례

시인의 말 —— 5

1

나무의 말 —— 13
버선 한 척, 문지방에 닿다 —— 14
물풀 —— 15
바다는 슬픔을 모른다 —— 16
식물성 오후 —— 17
견고한 피뢰침 —— 18
틴들현상에 대한 명상 —— 19
중력 —— 20
소라게의 하루 —— 21
문 —— 22
물방울 마을 —— 24
겨울 담채 —— 25
저수지 —— 26

2

쓸쓸한 은유 — 29
물의 길 — 30
벽에 꽃이 피다 — 31
벚나무의 뜰 — 32
먹는 꽃 — 33
어둑새벽 압력밥솥 — 34
쌀 한 톨 — 35
어떤 말 — 36
소문 — 37
헌책처럼 과거를 읽다 — 38
뒷등에 관한 보고 — 39
달팽이 자국 — 40
귓속에 박힌 돌 — 41
낡은 가방의 꿈 — 42
아파트 — 43
아침 포구에서 — 44

차 례

3
나선형 계단 — 47
별 이야기 듣는 남자 — 48
허천뱅이별의 밤 — 49
공사 중 눈은 내리고 — 50
공단길 르포 — 51
성냥개비 — 52
떠도는 섬에 들다 — 54
밤, 바다 — 55
돌멩이를 보면 차고 싶다 — 56
새들의 날개는 금빛을 떨군다 — 58
탈출 연습 — 59
만월 — 60

4
미루나무 수사학 — 63
꽃그늘 흔들리다 — 64
고요한 강 — 65
냉장고의 아침 — 66

거미 ———— 67
피아노 치는 사람 ———— 68
초승달 목걸이 ———— 70
나를 염하는 시간 ———— 71
낯익은 상자 ———— 72
대한 뷔페 주방 풍경 ———— 73
집어등을 만나다 ———— 74
어느 포구에서 일박 ———— 75
홍수 ———— 76

5
담장 너머 복숭아나무 ———— 79
버려진 신발 ———— 80
얼음 호수 ———— 81
수면에 관한 단상 ———— 82
꽃살문 독후감 ———— 84
억새꽃 언덕 ———— 85
나뭇잎 화석 ———— 86
민들레꽃 ———— 88

차 례

아이 오는 날 ——— 89
석장동, 그리고 암각화 ——— 90
질경이 ——— 92
개망초 ——— 93
새 ——— 94

|해설|
시조미학의 새로운지평/이정환 ——— 95

1

나무의 말

바람 든 유월 숲에서 가는귀가 열린다
구름처럼 부푸는 나무의 말에 솔깃해져
음색이 푸른 입술에
내 귓바퀴 걸린다

나뭇잎의 허밍은 오래 들어도 신선하다
발라드풍의 선율이 공명으로 울리는 숲
잎맥에 적힌 가사도
되풀이해서 읽는다

버선 한 척, 문지방에 닿다

참 고단한 항해였다
거친 저 난바다 속
풍랑을 맨손으로 돌리고 쳐내면서
한 생애, 다 삭은 뒤에 가까스로 내게 왔다

그 무슨 불빛 있어
예까지 내달려 왔나
가랑잎 배 버선 한 척 나침반도 동력도 없이
올올이 힘줄을 풀어 비바람을 묶어낸 날

모지라진 이물쪽에 얼룩덜룩 번진 설움
다잡아 꿰맨 구멍은 지난날 내 죄였다
자꾸만 비워 낸 속이 껍질만 남아 있다

꽃무늬 번 솔기 하나 머뭇대다 접어놓고
주름살 잔물결이 문지방에 잦아든다
어머니, 바람 든 뼈를
꿈꾸듯이 말고 있다

물풀

불볕 터진 들녘 너머 풀떨기 못물 아래
따라지들 몰려들어 스크럼을 짜고 있다
물길이 빠져나가다 멱살 잡혀 누워 있다

골풀의 부추김에 울컥 솟은 부들이며
핏줄 푸른 마름 곁에 웃자란 생이가래
한평생 반듯한 자리 올라설 수 없었다

부푸는 소문의 늪 뻗쳐 오른 결기마저
시간이 지나가면 너겁이 되고 만다
숨었던 실뱀 한 마리 심란하게 지나가고

흔들리는 그 바닥도 우주임을 알았을까
수렁에 빠진 무릎 수면으로 기어올라
한켠에 노랑어리연 발 씻으며 웃는다

바다는 슬픔을 모른다

된바람이 풀어놓은 갈매기 떼 부산한 날
출항길 되감으며 파도 허릴 묶는 사내
만취한 바다 앞섶에 엉킨 줄이 심란하다

짠물 밴 멀미의 길, 옆구리 뜯긴 뱃전에
투망을 빠져나간 멸치 떼를 좇는 눈길
파도는 그물을 터는 구령 소리 쏟아낸다

언제나 수평을 향한 너울은 이력이 나
다 낡은 내 깃발의 펄럭이던 서러움도
단단한 방파제 너머 먼 물길을 건너가고

골 깊은 이야기에 마침표를 찍고 싶어
풍랑의 등줄기에 박혀있는 부표 하나
여전히 뱃길을 잰다, 젖은 하늘 아래서

식물성 오후

약속을 바람맞히고 늦은 끼니를 차린다
햇귀처럼 붉던 시간 설렘은 퉁퉁 불어
매운맛 고추장으로
쓸쓸함을 버무린다

우려낸 기다림과 잘 데쳐진 그리움이
머쓱해져 말라가는 혼자 앉은 식탁 너머
헤프게, 헤프게 뜬 낮달처럼
헛배만 불러오고

창문 밖 익숙한 길 사시랑이 가로수들
가까이 들여다보면 쏙쏙 돋는 붉은 움들
오래된 언약의 시간
다시 또 재고 있다

견고한 피뢰침

마른 뼈 새 발자국 허공에 찍혀 있다
비바람 우레 속에 몸통은 날아가고
도슬러 꽂은 불화살 가시되어 박혀 있다

꺾진 그 어깨처럼 솟대로 꽂은 언약
이제 더는 먹구름도 저어하지 않는다
매복한 번갯불에 맞서 날 선 창을 세운다

금이 간 옆구리의 울림을 조여 가며
옹골진 심지 돋워 낙뢰를 감아내자
여러 날 지짐거리던 눈가에도 웃날 들고

방어망에 걸려드는 소리와 빛 파노라마
서릿발 촉 번뜩일 때 부르르 떠는 허공으로
은밀히 위험한 바다를 질러오는 날개 하나

틴들현상에 대한 명상

구름의 입자에 낱낱이 풀 먹인 햇살
빳빳한 부챗살을 와이드로 펼쳐놓고
고성능 카메라 들어
지상을 조명한다

찬란한 빛이 내려 집중으로 꽂히는 곳
엊그제 폭풍우에 휩쓸린 강 언저리
진창의 나뭇가지들
찢긴 잎이 결연하다

지친 발을 멈추고 젖은 눈으로 시청한다
먹구름 낀 하늘에 생생한 빛 불어넣는
밑바닥 살아내는 일
눈부시다 때로는

중력

밤새 불빛 몇 개가 근심으로 흔들렸다
임대아파트 퀭한 창에 서둘러 내린 햇살
바닥 난 두멍 가득히 빛줄기를 부어준다

허름한 잠을 털고 눈을 뜨는 행성들 사이
튕겨질 듯 위태로운 창가에 그림자 하나
허공에 붙들린 채로 먼 풍경을 탐색한다

자궁 같은 공중의 방은 그 어떤 힘이 있어
습관처럼 뜨는 발을 한사코 끌어당기나
닳도록 제자리 닦는 새 아침 열고 있다

소라게의 하루

그의 등에는 언제나 짐이 매달려 있다
오일장 끄트머리에 좌판을 벌인 그 남자
풍랑에 미끄러져 온 발목이 단단하다

절여진 희망은 부패하지 않은 채로
바위라도 깰 입담으로 사람들을 붙잡지만
귀 밝은 바람과 햇살만 발등을 쓸고 간다

한물간 기다림을 차곡차곡 챙기는 내력
늘 버티려던 물결에 오롯이 몸을 맡겨
집이 된 든든한 짐을 짊어지는 또 하루

문

물 밖의 세상으로
창문을 뚫으려고

참붕어 한 마리가
수면을 쪼아보다

솟구쳐
시퍼런 벽에
온 몸으로 부딪친다

익숙한 판이 시들했나
바깥 공기가 궁금했나

물 너머의 무엇인가
어른거리는 그 손짓

깨질 듯
깨트려보며

일으키는 푸른 파문

물방울 마을

잠 덜 깬 마을쪽에 안개 휘장이 촉촉하다
실눈 뜬 새벽빛이 설핏 번진 틈으로
원시의 어디쯤인가 신발 벗고 걸었다

고요의 이마를 치며 날아가는 백로의 부리
희고 단단한 말을 까르륵 떨어뜨렸다
풀벌레, 목청을 빼내어 그 말 받아냈다

투명한 성대 풀어 시 읊는 냇물 앞에
가만히 허리 굽혀 찌든 낯을 씻었다
꿈꾸는 지붕이 두엇 내밀하게 흘렀다

겨울 담채

햇살도 시름시름 몸살 앓는 골목 모퉁이
서둘러 통화하는 까치 소리 보채는 날
은발을 풀어 헤치고 눈보라가 앞서 온다

시린 기다림으로 빼꿋 열린 대문 안에
낙화하는 잔기침이 허옇게 쌓여가도
먼 안부 물어 올 듯해 밥 한 술 더 뜨는가

목울대 아려오는 자식들을 그느르듯
올망졸망 담아 둔 자루 애만지는 눈빛 너머
세상 다 묵독했다고 붉은 입술 여는 동백

저수지

검푸른 우울증을 너무 깊이 앓고 있어

빠져나오지 못하고 질식한 물풀 몇 점

평온을 위장한 낯에 그렁그렁한 잔주름

힐끔 스친 꽁지 아래 스러지는 난전 억새

발랄한 둥근 발들이 등지고 달리는 그 곁

와르르 쏟아내고 싶은 만조의 울음주머니

2

쓸쓸한 은유

진눈깨비가 내린다
못 삭힌 험담처럼

미끄러운 길 너머로
얼룩지는 한 페이지

툭, 툭, 툭
번지는 반점
긁고 싶은 생의 갈피

물의 길

한 번씩 지난 일기 지우고 싶은 날이 있다
잘못 읽은 이정표와 엉켜버린 발자국을
이제는 털어내고 싶어
홰를 치는 물안개

막히고 휘어지는 가풀막 고빗사위
격랑이 일던 밤을 다독이고 궁글렸지
어둠에 달빛 날개를
올올이 새겨 보며

몇 번인가 절벽 앞에 완강히 투신도 했다
무지갯빛 바램 하나 허공에 걸었던 일
욕망은 물거품으로
바닥에 떨어졌다

구름 낀 지난날을 몇 장쯤 뜯어내고
수굿이 몸을 낮춰 품어보는 물풀 아래
다시금 허리 추슬러
먼 길 뜨는 새벽강

벽에 꽃이 피다

또 하루치 꽃을 안고 수직의 벽 앞에 섰다
냉정한 칼날 세워 걷어내는 때 묻은 시간
기미 낀 시멘트 속살이 화판으로 펼쳐진다

묵은 미련 에인 흔적 둘둘 말아 내버리고
쉽고 휑한 가슴팍을 풀칠로 어루만지자
싹 트는 꽃나무 줄기 푸릇푸릇 돋는 새순

손 맞추는 도배공 부부 붉은 힘줄 키우는 땀
한 다발 꽃가지는 가파른 벽 쭉쭉 벋어
지는 해 뜨거운 박수에 맺힌 꽃잎 만발한다

벚나무의 뜰

1
가시만 남은 몸이 허공에 홀로 남아
칼바람에 마주 서서 언 하늘을 지켰는가
전신에 감기는 멍울 전투는 심각했다

한랭전선 저만큼 밀어낸 햇살 틈타
마침내 터트리는 수만 화구 눈 시린 포격
집안은 화염에 싸여 잠시 동안 아찔했다

2
절정의 시간마저 단숨에 털어내고
새물내의 푸른 휘장 가쁘게 펼쳐가며
이면로 돌아나온 싹 사유 짙던 그 이마

3
그 신열 부풀린 잎 가지마다 매달면서
만장으로 들끓었던 속내 이제 털어내나
우수수 허물을 벗고 적요 속에 잠긴다

먹는 꽃

기름기로 두꺼워진 창자 속에서 꽃잎은

노란 싹이라도 고물고물 밀어낼는지…… 많은 입이 환하게 벌어질 때 한 끼 때문에 울컥 닫히는 입도 있다 무딘 이로 여린 꽃잎이나 씹을 때 입 안 가득 형형색색으로 이르는 소리 들린다 뿌리의 고단한 땀방울이 숟가락에 고인다 속을 채우는 일도 사치일 수 있는 것, 아무리 먹어도 향기롭지 못한 날

어둠에 별이 잠기듯 꽃잎이 부서진다

어둑새벽 압력밥솥

동살이 번져오는 새벽의 문을 열고
출발을 준비한다 붉은 눈을 껌벅이며
단단히 품고 갈 짐을 챙겨보는 그 어름에

깊은 숨 고르며 천천히 돌리는 바퀴
한순간 불꽃 일어 연기 한 줌 토해낼쯤
햇귀도 등을 밀면서 신호탄을 터뜨린다

삶이란
설익은 속을 끓여가는 것이라고
부글부글 끓이면서 익혀가는 것이라고
쏴 하게 내뿜는 김 속의 더운 날을 끌고 간다

안개 속의 간이역을 몇 번쯤 지났을까
활짝 핀 밥풀꽃이 턱 밑에서 웃고 있는
뜸들인 생각의 끝에 윤기 가득 흐른다

쌀 한 톨

쌀 한 톨 슬그머니 문지방을 넘고 있다
이제 더는 공염불의 밥이 되기 싫었을까
당차게 튕겨져 나와 젖은 몸 말린다

촘촘히 햇살 다져 잘 여문 속내 보이고
집어든 손가락에 묻어나는 비바람 흔적
단단히 사리로 남긴 한 세월이 적요하다

깊어진 그 눈동자 물끄러미 나를 본다
쌀의 힘이 키웠던가 사육당한 빗장뼈를
삼키고 배설하는 오늘 한 마리의 무엇인가

불현듯 눈길 잡힌 조그만 알갱이 앞에
투명하게 못 거르고 부풀린 욕망의 부피
몸 안에 감춰진 냄새 욕설처럼 꿈틀댄다

어떤 말

말 한 마디
내게로 떨어지는 순간
갑자기 회오리바람이 세차게 불었다
그 말은
내 안의 숲을 어지럽혀 놓았다

무엇인가!
그것을 찾아 한참을 헤매었다
가시 돋쳐 우거진 잡초들이 무성한 날
그 말이
평온한 풍경에 진눈깨비 뿌렸다

벼랑을 붙들고 있는 풀꽃이며 잎사귀
아득한 사람의 일도 울창한 숲이다
이쯤에
내 안에 박힌
너를 가만 품기로 한다

소문

진눈깨비 흩뿌리는 스산한 시절이다
진창길로 저벅저벅 휘저어가는 그림자
정의는 겁탈을 당해 흙탕물로 웅크렸다

소리 낮춘 혓바닥들 비릿한 열꽃 돋아
보이지 않는 흉기 보이지 않게 쥐여줄 때
갈기는 바늘이 되어 부르르 일어선다

고삐 풀린 열 개의 발톱, 어둠 속을 내달리고
가려움에 긁은 자리, 흉흉하게 번진 소문
퀴퀴한 뒷담화 얼룩이 저 등 뒤에 번져간다

헌책처럼 과거를 읽다

*
오래 둔 가구의 자리 어둠 벽을 힘껏 열자
돌아앉아 시간을 쌓던 부스러기 삶들이
귀 접힌 일기장마다 꿈틀꿈틀 깨어납니다

*
소금 바람 언덕배기 물새 따라 세든 이후
깊이를 알 수 없는 발목 잡는 파도더미
겹겹이 받아 내느라 멍 자국이 피었습니다

*
막장 같은 줄거리의 드라마는 반전이 되고
바람 소리 그친 오늘 다 낡은 갈피 속에
얼룩진 이야기들이 벙글벙글 말을 겁니다

뒷등에 관한 보고

찻길에 불쑥 나타난 기우뚱한 늙은 남자
쉽게 부리지 못한 수레 가득 짐을 끌고
4차선 도로 가운데 위험하게 걸려있다

달리던 길 잠시 멈춘 정적의 해거름 녘
얼룩덜룩 쟁여 쌓은 남루한 이야기가
한순간 쏟아질 듯이 흔들리는 사거리

허름한 모퉁이를 더듬어 굴러온 바퀴
찬바람 파고드는 뼈마디 꼿꼿이 세워
산 하나 질끈 묶어서 가는 뒷등 경건하다

달팽이 자국

밤새 담 넘어간

너의 흔적 뒤를 밟고

습기 밴 벽돌 사이 안개강이 흐른다

발 저린 낭떠러지에

걸린 허물이 섬뜩하다

자꾸만 무릎 꺾인

아득한 진흙 벌을

수만 번 배밀이해서 물길 틀었구나

가만히 다가온 햇귀

그 궤적을 비춰준다

귓속에 박힌 돌

갇혀 있던 달팽이가 반란을 일으켰다
어지럼의 소용돌이 속엣것 다 파도 일어
열대야 선잠 깬 집안 응급사태 벌어지고

소리도 덧쌓이면 앙금이 될 수 있나
귓속에서 굳은돌이 무슨 말을 하는 듯해
한 삼일 눈치를 보며 수굿이 엎드렸다

지난날 스스럽게 던졌던 말 화살되어
사람의 일 돌고 돌아 내게로 꽂힌 걸까
별안간 회오리로 솟은 일격의 지문 한 촉

낡은 가방의 꿈

재활용 상자에 올라앉은 가방 하나

이제 어디로 가고 싶은 것일까 쪽마다 채워진 크고 작은 전화번호와 적적한 마음을 불러내던 열쇠꾸러미 손수건 한 장 흥건히 젖던 슬픔도 있었지 짙은 그늘 감춰주던 화장품의 지친 냄새까지 몽땅 쏟아놓은 낡은 가방 하나, 카드의 영수증이 쌓여 가는 나날 속에서 영화 관람권 몇 장 오래 머물던 그리움도 있었지만 한 시절은 여기까지라고 일단정지하듯 지난 추억을 모두 버리고 이제 어디로 가고 싶은 것일까, 늘 같은 사고와 행동을 거부한 낡은 가방처럼 나도 새로운 세상으로 가고 싶은 시간

깊어진 불면의 거리에 가로등도 골똘하다

아파트

제각기 다른 맛이 풍겨 나오는 창을 본다

꿀 발린 파이맛의 신혼부부 방 아래 환한 웃음소리 깨물고 싶은 사탕 무늬 커튼의 방, 눈길 받고 싶어 창 밖으로 목을 내민 화초들의 방, 오래 뜯지 않은 크래커 한쪽같이 어두워져 있는 방, 서로 벽을 세우면서 서로 기웃거리면서 달빛을 끌어당겨 어둠을 덮는, 공평하게 주어진 상자 같은 저, 방 한 칸

난 지금 어떤 맛으로 채워 가고 있는지……

아침 포구에서

등댓불이 눈 비비며
새벽을 열고 있다

꼬리 뜯긴 배 한 척이
꿰어 온 지느러미

비린내
물컹한 하루가
질펀하게 펼쳐진다

3

나선형 계단

간단없이 에움길로 돌아 가 보는 거다
서투른 보행으로 허위허위 오르는 일
한 세상 우렁잇속같이
꼬인 길을 푸는 거다

지친 무게 추스르며 삐걱대는 낡은 구두
치받이 흐르는 땀, 별이 드는 옥탑방으로
발목뼈 굵어지면서
돌고 도는 길이 멀다

때로는 중심 잃고 기우는 몸을 버텨
어지럼도, 회오리도 힘차게 끌고 가는
달팽이 기어오르며
둥그렇게 껴안는 생

별 이야기 듣는 남자

1
세상의 모든 말은 벌레 소리로 울어댄다
토막 나 떠다니는 그 낱말 담으려고
귓바퀴 둥글게 모아 궁리하는 저 남자

오래도록 식상한 말, 냄새나는 소문들이
까맣게 날아들어 그의 귀를 파먹었나?
촉수를 촘촘히 펴서 맑은 소리 걸러본다

2
보청기 앞에 한 아이가
"아저씨, 이거 뭐에요?"
"이것은 별 얘기를 훔쳐 듣는 것이란다."
한 순간 유치원 앞길 시선들이 몰려왔다

별의 말을 담고 싶던 그 남자 가는귀에
쏙쏙 여미어지라고 들여앉힌 소라의 방
우르르 모인 눈동자들 쫑알쫑알 반짝인다

허천뱅이별의 밤

먼 길에 낙오되어
저리 까맣게 외로울까
앙가슴의 심지는 아직 불꽃이 뜨거울까
공단길,
불법체류자 표류해온 저물 녘

또 한 번 낯선 둥지에 눈치껏 몸 붙인다
목 따가운 응어리쯤 삭히고 삼키는 밤
꽉 잡은 기계 소리가
저 멀리 지구를 돈다

내일을 조형하는 조각 다시 맞춰보며
어둠 속 한 시절에 불빛 환히 밝힌 시간
밤샘한
뻐근한 등을
달빛이 살짝, 껴안는다

공사 중 눈은 내리고

회사 앞 보도블록이 몽땅 파헤쳐졌다

어둑어둑한 귀갓길, 초겨울 언 발목이 돌부리에 걸려 휘청거렸다 제 집에서 쫓겨난 고슴도치처럼 성이 난 블록을 피해 모래 위를 조심조심 걸었다 잘린 길 무더기가 파산하고 남의 집으로 옮겨 다니던 내 보따리 같아 발끝이 섬뜩했다 허방 디딜 때마다 철렁 내려앉던 걸음, 잘못 디딘 뒤꿈치에 뭉그러지던 희망은 질경이처럼 다시 꿈틀거리곤 했다 푸른 영혼이 늘 낮은 바닥에 엎드려 비바람과 동무가 되기까지 얼마나 아득한 모래 언덕을 견뎠던가 이제 들춰진 속을 감추고 싶은데 천연덕스럽게 함박눈이 내린다

저 저 저, 신선한 연고가 상처를 덮고 있다

공단길 르포

불황의 진눈깨비
마당에 쏟아진다
납품 상자 섬이 되어 묶여 있는 창고 앞엔
해체된 보도블록이 뿔을 세워 뒹굴고

몇 해를 일을 찾아
자리 옮긴 그 남자 방
웅크린 보따리가 징검돌로 놓인 날들
사는 일 미끄러지며 젖은 발 또 말리며

일터에서 할인마트 약국 밟고 건너는 하루
제자리로 박히느라 시린 발 참아낸다
시절은 지금 공사 중
절룩이며 가는 길

성냥개비

나, 언젠가 한 번쯤은
뜨겁게 타올라서
발목 저린 가풀막에 벌건 노을 질러놓고
깃발이
휘날리듯이
저 협곡을 건너리

잡힐 듯 너울대며
바람은 산을 넘고
잠재운 불씨 안고 앙센 몸 다독여도
제 자리
그리 맴돌며
핏발이 선 눈망울

벙그는 꿈을 꾸다
단단해진 붉은 피톨
그래, 꼭 한 번은 번갯불에 뛰어들리
누구도

근접하지 못할
뇌관 하나 감춘 채로

떠도는 섬에 들다

베돌던 한 척의 섬,
여기 닻을 내리는가
바람 많은 저 난달에 푸른 짐을 수북이 지고
파도에 부대끼면서 한 사내가 당도했다

저려오는 굵은 발목 딱지 자꾸 덧나는 길
기우는 몸 꼿꼿이 버텨 터를 깎는 먹먹한 시간
달빛 속 물살을 쥐고서 가부좌로 견딘다

서늘히 눈 뜬 아침, 뿌연 안개 걷어내고
바람 붓 휘어잡아 펼쳐놓은 그 사내 사유
빗장 푼 드넓은 미래가
너울너울 반짝인다

밤, 바다

구릿빛 몇몇 사내들 왁자한 판을 접고
작당하듯 빠져나간 포구는 검기운다
난바다 풍랑의 등을 다부지게 건너는 배

함부로 들 수 없는 저 바다 광활한 벌에
수심 재는 불빛들이 지느러미 좇고 있다
비린내 홍건한 손에 낚싯줄이 팽팽한 밤

사는 일 캄캄한 날 한 판 횃불 시위 속에
휘청이는 뱃머리를 물결로 한껏 조이며
붉은 해 들어올리는 저 무대가 뜨겁다

돌멩이를 보면 차고 싶다

너도 한 번
박차고 뛰어나가 보겠는가
대오의 끄트머리 못 벗어난 보폭의 한계
단번에 무너뜨리고
날아올라 보겠는가

겨냥한
과녁을 향해 표창을 던지듯이
쳇바퀴 저 밖으로 나를 떼미는 거다
발 앞의 돌멩이 하나도
새로 읽는 이즈음에

헐거워진
밑바닥을 거미줄 쳐 맴돈 시간
어느 날 쪼개질 듯 번갯불을 안는 순간
암팡진 날개가 되어 힘차게 나는 거다

반란은

꿈도 못 꿨던 따라지의 저런 오금
꺽지게 어깨를 펴고 삿대질도 한 번하고
중심에 화살촉 하나
결곡하게 박는 거다

새들의 날개는 금빛을 떨군다

굴뚝 위의 구름파도 철썩이는 하늘 복판

어깻죽지 퍼덕이며 노 젓는 사내 몇이

하루해 달아오른 길 담금질에 한창이다

시린 바람 매지구름 부은 발끝 추스르며

느닷없이 처박힐 듯 급회전의 순간에도

잔달음 날개를 저어 허공 한껏 당긴다

출근길에 스쳐 가던 낯이 익은 그 얼굴들

맨발로 바람 꺾는 구릿빛 저 어깨 위

한 줄기 스포트라이트 반짝반짝 쏟아진다

탈출 연습

산비둘기 한 마리가 공장 안에 갇혔다
드레진 깜냥에도 신용불량 김반장과
눈빛이 부딪치는 순간 사방이 움찔한다

출구는 어디인가 환하게 닫힌 유리창
다 늙은 기계소리 불량품에 목이 쉴 때
앞날이 뜯긴 달력 한 장 빈혈 앓듯 뒹굴고

길은 또 있을 거야 나가는 연습의 나날
매운 연기 참으면서 채워가는 출하장
오늘도 바람 드는 곳 흰 날개로 더듬는다

만월

용접공의 데인 하루 창문가에 접어놓고

막 끓은 저녁 밥상 웃음소리 팽창할 때

그 아내 만삭의 몸도

한 시절이 닫혔다

4

미루나무 수사학

강물에 제 그림자 씻고 있는 푸른 코트
어쩌면 이 시대의 쓸쓸한 로맨티시스트
나 한 번 그대 곁에서
살아봤으면 싶었네

바람 들자 팔을 드는 수천 개의 캐스터네츠
팔랑팔랑, 딸랑딸랑 배꼽 내놓고 웃네
세속의 먼지 다 씻은
맑고 얇은 손바닥

반듯한 한 줄기 순정
반짝이는 이마 곁에
떼쓰며 토라지며 마음놓고 뒤척이며
한 잎의 천진한 얼굴로 살아가고 싶었네

꽃그늘 흔들리다

1
누군가 쿨럭쿨럭 기침할 때마다
상기된 나뭇가지 불거지는 흰 멍울들
폐쇄성 기관지염의 질긴 숨이 터졌다

옹이 박힌 나이테와 검버섯 핀 껍질 사이
숨구멍에 걸리는 호흡, 더운 촉을 뽑아내어
실핏줄 마디 끝마다 잠깐 밝힌 봄날의 꿈

2
목젖 부은 시간 속의 텅 빈 허공 저 끝으로
부풀던 움의 한때 터트리던 잎의 한때
거품을 헹구어내나 꽃잎 둥둥 흘러간다

엉킨 매듭 풀고 늘여 한세상 돌고 온 자리
그 발끝 서늘하게 그늘을 사려놓고
한시름 툭툭 털어내는 어깨 가만 흔들린다

고요한 강

속 깊은 강물 앞에 일손 놓고 앉은 사내
질긴 목줄 부여잡은 팽팽한 기다림이
이 세상 박차고 오를 한순간을 재고 있다

바라던 소식은 늘 입질만하다 가고
하루해 발 빠르게 산모퉁이 넘는 저녁
자꾸만 맵찬 바람이 월척으로 달려든다

은빛 비늘 쫓는 해껏 갈마드는 혜윰의 때
물새는 맨 부리로 수면 한 쪽 허무는가
진흙뻘 기어간 물풀 젖은 잎이 짙푸르다

긴 시간 고패질에 문득 휘는 저 낚싯대
갓 내려와 어른대는 산 하나 낚아채나
그 물색 헹구던 자리 놀빛 들어 번하다

냉장고의 아침

깊은 밤 느닷없이 네가 울 줄 몰랐다
어둠을 찢으며 봇물 터진 그 속내에
잠결에 악몽을 꾸듯 동굴 한참 헤맸다

꾸역꾸역 밀어넣은 욕망의 끝을 따라
서늘한 음지 속에 갖은 냄새 질퍽였다
내 속을 채우기 위해 버거웠을 너의 짐

견디다 못해 토해내듯 내장 다 드러낸다
걸태질로 움켜쥐고 오래 못 버린 것들
숨겨져 병드는 것을 눈치 채지 못했다

갑자기 귓등을 치는 쇠울음이 시려 와서
무디어진 마음 창자 서늘하게 눈을 뜨고
비워낸 공간 사이로 햇빛 한 톨 흘러든다

거미

떠돌이별 하나가 느지막이 도착했다
어스름 벼랑 한 끝 휘청, 기운 몸 받쳐
뽑아낸 사다리 몇 줄 허공 짚어내린다

날실 푸는 발목으로 낌새를 재어가며
길목을 겨냥해서 촘촘히 짜는 그물
낚아챌 촉수를 뻗어 은밀하게 펼친다

구미 당길 그 먹잇감 걸려들까 오늘 밤엔
잰 날개 스치는 기척, 바짝 도사린 한순간
陰謀의 투망 레이더 홍홍하게 번뜩이고

달빛이나 구우면서 긴장을 풀어볼쯤
끈적끈적 뱉은 욕망 어둠이 질펀한데
또 한 번 툭! 떨어지는 삭은 낙엽 한 덩이

피아노 치는 사람

희고 마른 손가락이
건반을 건너간다

오래 접혔던 뼈마디
조심조심 두드리며

사라진
노래를 건져
징검돌 다시 놓는다

도돌이표 많았던 길
에둘러 예까지 왔다

비바람 속 꼭꼭 숨겨온
빛바랜 악보를 펼쳐

또 한 번
내일을 편곡한

연주를 시작한다

건반 하나하나와
악수하는 야윈 손

통통 튀는 걸음으로
댓돌을 짚어간다

약봉지
쌓였던 자리에
환한 카펫을 펴는 햇살

초승달 목걸이

햇살도 건너뛰는 골목 끝에 웅크린 방
불씨처럼 빛을 내던 은빛 목걸이 하나
지금쯤
그 청년 앞에
둥그렇게 떠오를까

이류대학 뒷길로 난 알바 뛰던 층계 더듬어
얼어붙은 과녁을 향해 거친 날을 갈고 닦던
화살촉, 목에 매달려
날아갈 듯 반짝였다

시리고 그늘진 날, 힘줄 돋워 다진 시간
어둔 길 박차고 나간 표창은 적중했는가
오늘 밤
달빛 부풀어
휘영청 창이 밝다

나를 염하는 시간

1
마침내 당도했네, 정갈한 도마 위에
어릿광대 놀음으로 거친 풍랑 줄을 타다
멱찬 속 비워낼 순간 도리 없이 기다리네

난바다 깊은 수렁 비린내만 채웠던가
더께 앉은 물때마저 온몸에 물큰거리고
앙다문 아가미 속에 부풀다만 은빛 부레

2
비워낸 가슴팍에 소금꽃을 받아 안네
젖은 생각 말린 뒤엔 가볍게 잠이 들까
내 삶이 고소해지는 저녁 식탁 그리네

낯익은 상자

창고 마당 귀퉁이로 내다버린 낡은 상자
이름표를 달았던 흔적 볼품없이 뜯겨지고
긁히고 깨어진 어깨 망초꽃이 어루만진다

한 시절 짱짱하고 윤기났던 골격으로
벅찬 무게 힘껏 안아 쟁이던 품엣것들
호명해 불려 나갈 때 그 이마는 반듯했다

휩쓸고 간 감원바람에 내쳐져 떠돌던 길
갓 오십 저 아저씨 버려진 상자 거둔다
비바람 썩어가는 속 툭툭 털어 말리며

멍들고 어긋난 뼈 추스르는 손끝 너머
그 몸 다시 당당하게 조형할 날을 향해
재활용 수거 트럭이 덜컹덜컹 오고 있다

대한 뷔페 주방 풍경

환풍기 한 대가 툴툴거리며 돌아간다

또래보다 열 살쯤 늙어 보이는 순금씨는 연변말로 대형 가스불 위의 호박죽을 익히고 중환자실에 남편을 두고 나온 안강댁은 고기를 손질하며 입 열리지 않는 조개처럼 조용하다 고무장화를 끌며 개수대 앞에서 유행가를 흥얼거리는 현이 엄마는 거품처럼 꺼지는 희망을 부글부글 일으켜 보는 중이겠지 뒤섞인 마음들이 잘리고 끓어오르고 서로 버무려지다 어깨와 허리에 하루의 무게가 고스란히 매달리는 밤 발바닥에 밟히는 슬픔을 내다버리듯 터진 부레와 시든 잎사귀와 구겨진 껍질들을 죄다 버린다

마당에 움츠린 꽃눈은 언제 활짝 터질까

집어등을 만나다

저녁빛 이내 사윈 뒤에 뒤늦게 닿은 자리
오래 전 펼쳐놓은 미완성 그림 한 점
먹물이 번진 밤바다 그 속 길을 들춰본다

더께앉은 밑그림의 어둠을 긁어낼까
내 앞에 사람 하나 올연히 드러나고
풍랑에 등불을 높여 바다 끌고 있다

때로는 엇갈림으로 몇 리쯤 지우던 길
캄캄한 밤 덮치자 타오르는 횃불 있어
나 항상 곁에 두고도 그 모습 못 그렸다

미처 보듬지 못한 어깨는 기우뚱하고
만선이 못된 날들 옹이 박힌 손마디로
항구를 힘껏 당긴다 내 화판 채워간다

어느 포구에서 일박

서둘러 닻을 내린 고깃배의 저녁 나절
젊고 늙은 어깨들이 슬그머니 서로 기댄 채
파도에 절여진 하루를 헹구어내고 있다

수평선을 끌어당기던 손목의 질긴 힘줄로
앞길 허무는 풍랑에 매달리곤 하던 날들
짜디짠 삶의 설움도 소금처럼 여물어지고

빛바랜 깃발 아래 물결치는 저 목소리
거품이 된 욕망을 잔술로 비워내며
단단히 밧줄을 묶어 폭풍의 밤을 견딘다

홍수

그 남자 굴곡진 속이 또 뒤집혔나 보다
그 여자 진흙벌 속도 그냥 드러나겠다
목이 쉰
저 좀 보라고
벌건 속살로 나섰다

비바람에 쓸리고 허물어지는 생애
주정뱅이 행패로 달려들고 싶었겠지
한 바탕
벗어부치고
떼를 쓰고 싶었겠지!

5

담장 너머 복숭아나무

햇살 흠뻑 밀물지던 마당귀 키 자란 나무
선홍빛 피톨마다 툭툭 터져 벙글더니
비늘잎 무수히 돋아 헤엄치듯 팔딱였다

비바람 급물살에 지느러미 힘껏 저어
은밀히 번진 유혹 몸속 깊이 품었던가
한 마당 흐드러지게 산란해 놓고서

비리던 반점들도 울퉁불퉁 다 아물어
달콤하게 쟁인 햇살 달빛도 물컹 씹히는
저 나무 저어 온 바다 한 시절이 잘 익었다

버려진 신발

어린 쑥을 뜯다가
손 끝이 흠칫 놀랐다

멀쩡한 신발 한 켤레
다 그만 두고 싶었던 걸까

길이 툭, 끊긴 강가에
벗어놓은 누군가의 흔적

담긴 모래의 무게
끌고 온 짐이 보이고

굽이치는 저 강물을
맨발로 건넜을까

진흙에 빠진 내 발을
물새가 지켜 본다

얼음 호수

된비알 물떠러지 맨발로 달려와서
이제 그만 눕고 싶다, 저 남자의 깊은 눈빛
굽은 등 팽팽히 당겨 말문마저 잠근다

이미 굳은 절반의 몸 면벽에 든 동안거
바람을 밀어내고 햇살 또한 튕겨내며
세월도 미끄러지도록 삼마제에 들었는지

한 평생 그랬었다, 시린 몸을 팔딱이며
치열하게 밀고 당긴 그 발치 주름진 흔적
가만히 들여다보면 몇 겹 비밀 얼비친다

밤새껏 싸락눈 내린 요양병동 호숫가
얼어붙은 슬픔 녹아 흘러갈 날 짚어보며
몇 마리 물새들 모여 눈물샘 쪼고 있다

수면에 관한 단상

두껍고 고요한 벽을
누가 자꾸 두드린다
반듯하게 드러누운 그 속은 한결같이
문 하나
보이지 않고
틈새 모두 감춘다

멀리 갔다 돌아오는
환한 길이 미끄럽다
쪼아 보다 닳은 부리 날개 휘청 감기는데
속내를
다 보여줄 듯
반짝반짝 웃는 물결

풀린 듯
조여 있는 그 속 한 번 열고 싶다
지느러미 감춘 꼬리 곤두박이 찾는 동안
물렁한

그 벽은 다시
수평만을 재고 있다

꽃살문 독후감

닫힌 문 앞에 서면 내 속 또한 궁금해져
내소사 대웅보전 묵도로 더듬어 갈쯤
화들짝 깨어나는 꽃살마다 만개했다

틈새마다 결연하게 어깨 서로 걸어주며
제 몸 깎아 꽃을 피운 나뭇결 짚어가자
안과 밖 보듬어주는 오래된 지문의 온기

소통의 창 못 틔우고 뒤척이며 살아온 날
언제쯤 조각의 손 끝 녹슨 문고리 풀어내고
꽃처럼 세상을 향해 활짝 필 수 있을까

가지런히 벌어나간 칼 끝의 빗살이파리
햇빛과 그림자의 말 아우러져 피어 있는
꽃살문 글을 읽으며 열어가는 내 안의 문

억새꽃 언덕

백발의 노인되어
가풀막을 다 내려왔나
다시 도진 기침인지 술에 취한 타령인지
몇 굽이 휘어져 닿은
저 구릉이 왁자하다

완창 이루지 못한 툭툭 끊긴 소절들이
비바람 속 벌레 먹힌 관절마다 맺혀 있고
마지막 한 움큼 속말
뽑아 읊는 저물 녘

가볍게 더 가볍게 비워가는 그의 속내
들끓던 시간을 삭혀 풀어낸 깃을 펴고
절벽 끝 저 강 너머로
바람결에 몸을 푼다

나뭇잎 화석

어느 날인가 끝내 태풍에 몸을 날려
새가 되고 싶었던 나무 한 그루 있었다
아뿔사!
진흙벌 위로 떨어지고만 그 날개

오래 잠긴 묵상으로 바람벽 마주할 동안
어둠은 켜켜이 쌓이고 굳혀지고
몇 천 년 은신처에서
깃털은 숨 죽였다

스스로 편지가 되어 봉인된 타임캡슐
마침내 공사 중인 해변에서 깨어났다
압축의 시간을 풀고
우리는 만났다

부드러운 속살에 쿵쿵 뛰는 푸른 힘줄
時空을 무너뜨린 부리는 날카롭고

묶였던 발목을 풀어
날아온 길 단단하다

민들레꽃

찬바람
들이치던

그 여자의
반지하 방

앙다문
살림살이

꽃대 숨겨
키우더니

드디어
이사했구나!

활짝 웃는
저 얼굴

아이 오는 날

적막으로 다물었던
문이 방긋 열립니다

잠자던 벽 꽃무늬마다
향기가 터져 나오고

누추한 가구들의 이마에
무지개가 돋습니다

행운목도 설레어
창문 너머 내다보고

그릇마다 담겨지는
고소한 기다림

햇살 든 둥지 속으로
웃음 물결 퍼집니다

석장동, 그리고 암각화

나는 또 어쩌다가
이곳으로 돌아왔나.
벼랑 품은 언덕배기 움막으로 숨어들어
원시인 여자가 되어 맨발로 살고 있나

오래 전 헤어진 우리 기다린 그 발자국
굳어서 돌이 되고 그 돌 다시 물이 되어
흐르고 흐르다가 끝내, 되돌아온 이 자리

함께 뛰던 당신인가
무슨 말을 하려는가
밤마다 머리맡에 북소리 둥둥 울려오고
새기던 돌화살촉에 뒷등이 뻐근하다

꽃잎으로 피어난다.
돌에 심은 그 언약이
때로는 기어나와 포장도로 내달리고
이따금 꼬리별되어 밤하늘을 나는데……

비바람에 젖은 어깨 수풀 속을 헤쳐 온 길
거칠게 옹이 박힌 그 손이 내게 있고
늦은 밤 가스레인지
쌀라면이 끓고 있다

질경이

1
빈틈없는 시간 맞춰 잘 닦인 길을 달려
욕망을 튼튼하게 쌓아가는 빌딩 사이
뒷골목 늙은 지붕들 움켜쥔 햇살 한 줌

아파트 옆구리 돌아 현란한 간판 너머
삐그덕, 사글세방 비밀스런 창문 쪽에
낮달이 등을 구부려 귓속말하고 있다

2
치이고 밟혀도 일어서는 푸른 목숨
단단한 시멘트 조각 좁은 틈 비집고
마침내 깃 다친 줄기를 수상하게 펼친다

개망초

농협 농가주부모임 흔들리는 견학버스
우르르 바람 일으켜 세상 구경 나왔다
줄 풀린 강아지처럼 언덕 넘는 웃음 물결

이름도 어렴풋한 그만그만한 얼굴들
화려한 꽃 축제장 신도시 귀퉁이에
풀잎의 여자들 모여 당당하게 자리 폈다

비바람으로 씻어 온 푸짐한 쌀밥 그릇
그녀들의 몸 속에 풀물든 야생의 노래
시절은 부푼 여자들의 잔치마당되었다

새

바람처럼 솟구치는 모든 새는 상큼하다

떨어질 듯 처박힐 듯 바닥치고 날아올라

저 맨발 구름 난간을 홀로 가며 드높다

|해설|

시조미학의 새로운 지평

이정환(시인)

1

좋은 글을 쓰려면 시간의 투자가 필요하다. 더불어 남다른 전략이 있어야 한다. 무턱대고 노력한다고 높은 성취에 이를 수 있는 것은 아니다. 잘 쓰려면 많이 읽고 곰곰이 읽어야 하며, 실험정신과 창의적인 안목을 갖추고 다채로운 주제를 다양하게 써보아야 한다. 쓰다가 목숨이 다하더라도 추호의 후회도 없을 글쓰기, 그러한 일이 더욱 요구되는 때를 우리는 살아가고 있는지도 모른다. 시절이 하 수상하기 때문이다.

책을 읽지 않고, 글을 쓰지 않고 사람이 나아지는 길은 결단코 없다. 우리는 태어나자마자 속화의 길을 걷는다. 속화를 이기는 길은 무엇인가. 삶 속에서 미적 자질을 찾아내어 그 미적 체험을 바탕으로 글을 쓰는 일이다. 그것을 주업으로 하는 사람이 시인이다. 그렇기에 시인은 사물과 세계에 대해 미세한 감각의 촉수를 늘 벼리고 있어야 한다. 그런 다음 사유의 깊이를 더하기 위해 몰입을 해야 한다.

2

백점례 시인은 사물과 세계의 비의를 개성적인 가락과 비유로 육화하는 능력이 돋보인다. 그래서 그의 첫 시집은 괄목상대다. 모르기는 몰라도 그의 등장은 시조문단에 새로운 개성의 출현이 되고도 남을 것이다. 도토리 키 재기하는 곳에서 군계일학의 면모로 나타나서 주위를 능히 압도하게 될 것이다. 이것은 그의 첫 시집 『버선 한 척』의 전편을 면밀히 살피고 난 후 내린 단언이다.

그의 시선은 무척 다채롭다. 현실을 직시한다. 내면 탐색과 더불어 현실의 여러 가지 문제들을 탐구하고 육화하는 일에 진정성과 능숙함을 보인다. 그만큼 그의 기량이 어느 정점에 올라섰다는 방증이다. 그는 어떠한 소재를 주어도 어려움 없이 형상화할 수 있는 공력을 지닌 시인이다. 오랫동안 절차탁마에 남다른 노력을 기울인 까닭일 것이다. 바탕이 잘 닦여 있어 흔들리지 않는 힘을 갖췄고 그렇기에 추동력이 있다. 또한 일상에서 잘 쓰지 않는 새로운 낱말들을 발굴하여 적절하게 활용하고 있는 것에도 주목해야 할 것이다. 이러한 노력은 신인으로서 가상한 일이 아닐 수 없다.

이제 작품을 보자.

불볕 터진 들녘 너머 풀떨기 못물 아래
따라지들 몰려들어 스크럼을 짜고 있다
물길이 빠져나가다 멱살 잡혀 누워 있다

골풀의 부추김에 울컥 솟은 부들이며
핏줄 푸른 마름 곁에 웃자란 생이가래
한평생 반듯한 자리 올라설 수 없었다

부푸는 소문의 늪 뻗쳐 오른 결기마저
시간이 지나가면 너겁이 되고 만다
숨었던 실뱀 한 마리 심란하게 지나가고

흔들리는 그 바닥도 우주임을 알았을까
수렁에 빠진 무릎 수면으로 기어올라
한켠에 노랑어리연 발 씻으며 웃는다

—「물풀」 전문

「물풀」은 섬세한 시각의 산물이다. 물풀을 노래하되 서경에 그치지 않고 있다는 사실이다. 언뜻 보면 자연 묘사 같지만 둘째 수 종장 '한평생 반듯한 자리 올라설 수 없었다'에서 보듯 사람살이를 환기하고 있다.

골풀과 부들과 생이가래의 생존이 그러하다. 생명시학적 관점에서 애정 어린 눈길로 '물풀'을 바라본다. '부푸는 소문의 늪 뻗쳐 오른 결기마저/시간이 지나가면 너겁이 되고 만다'에서 보듯 어떠한 몸부림을 보이지만 그 결기가 '괴어 있는 물에 떠서 한데 몰려 있거나 물가에 밀려나온 검불'과 같은 너겁이 되고 만다. 분명한 한계의식의 표출이다. 넷째 수에 와서 반전을 보인다. 희망의 빛이 펼쳐진다. 즉 '흔들리는 그 바닥도 우주임'을 알게 된 노랑어리연이 수면으로 기어올라 와서 발을 씻으며 웃고 있는 것이다.

몰려와서 스크럼을 짠 따라지들의 끈덕진 삶이 물길을 막을 정도이니 뒤틀린 세상사가 바로 잡혀지지 않을까. 「물풀」은 그런 희망과 의지의 현현인 셈이다.

1
세상의 모든 말은 벌레 소리로 울어댄다
토막 나 떠다니는 그 낱말 담으려고
귓바퀴 둥글게 모아 궁리하는 저 남자

오래도록 식상한 말, 냄새나는 소문들이
까맣게 날아들어 그의 귀를 파먹었나?
촉수를 촘촘히 펴서 맑은 소리 걸러본다

2
보청기 앞에 한 아이가
"아저씨, 이거 뭐에요?"
"이것은 별 얘기를 훔쳐 듣는 것이란다."
한 순간 유치원 앞길 시선들이 몰려왔다

별의 말을 담고 싶던 그 남자 가는귀에
쏙쏙 여미어지라고 들여앉힌 소라의 방
우르르 모인 눈동자들 쫑알쫑알 반짝인다
—「별 이야기 듣는 남자」 전문

잔잔한 웃음을 머금게 하는 작품이다. 동화적인 배경을 깔고 있어 꿈꾸게 한다. 보청기는 소리를 듣기 위한 보조 장치다. 그것을 두고 '별 이야기 듣는 남자'로 의미를 확산한 것은 이채롭다. 아래는 「별 이야기 듣는 남자」에 대한 박성민 시인의 언급이다.

「별 이야기 듣는 남자」에서는 보청기를 낀 늙은 남자를 형상화하는 감각의 촉수가 빛난다. '세상의 모든 말은 벌레 소리로 울어댄다'는 도입부의 표현미가 돋보이며, 첫 수와 둘째 수는 시적 대상을 자신의 시선으로 포착하는 신선미가 느껴진다. 아이와 남자, 잘 들을 수 있는 귀와 잘 들리지 않는 귀의 대조를 통해 힘겨운 삶의 외면을 드러내면서도 그 안에 해학을 가미함으로써 재미있게 읽혀지는 효과를 준다.

제대로 못 듣는 세상의 소리들을 귀담아 듣기 위해 무진 애를 쓰는 한 남자는 아마 그 이전에 '오래도록 식상한 말, 냄새나는 소문들이/까맣게 날아들어 그의 귀를 파먹었'기 때문인지도 모른다. 맑은 소리를 걸러 보기 위해 애쓰는 그 남자 앞에 어느 날 한 아이가 다가온다. 그 아이의 질문에 '별 얘기를 훔쳐 듣는 것이란다'라는 답을 한다. 순진무구한 아이는 그것을 곧이 듣는다. 유치원 아이들은 떼로 몰려오고 눈동자들이 쫑알쫑알 반짝인다.

나, 언젠가 한 번쯤은
뜨겁게 타올라서
발목 저린 가풀막에 벌건 노을 질러 놓고
깃발이
휘날리듯이
저 협곡을 건너리
잡힐 듯 너울대며
바람은 산을 넘고
잠재운 불씨 안고 앙센 몸 다독여도
제 자리

그리 맴돌며
핏발이 선 눈망울

벙그는 꿈을 꾸다
단단해진 붉은피톨
그래, 꼭 한 번은 번갯불에 뛰어들리
누구도
근접하지 못할
뇌관 하나 감춘 채로
—「성냥개비」 전문

존재론적 성찰이다. 성냥개비는 곧 자아다. 보잘 것 없어 보이지만 작은 불씨가 거대한 산을 태운다. 뜨겁게 타오르는 불길이 협곡도 건너고 산을 넘는다. 이 불은 꿈을 꾸며 움직이는 생명체로서 앞으로 무한한 힘을 받을 수 있다. 강력한 불길이 되어 새로운 역사를 적게 될지 모른다. 그래서 '꼭 한 번은 번갯불에 뛰어들리'라고 다짐한다. '누구도/근접하지 못할/뇌관 하나 감춘 채로'이다.

이러한 열망은 삶을 추동할 수 있는 근원적인 힘이 되는 것이다.

구름의 입자에 낱낱이 풀 먹인 햇살

빳빳한 부챗살을 와이드로 펼쳐놓고
고성능 카메라 들어
지상을 조명한다

찬란한 빛이 내려 집중으로 꽂히는 곳
엊그제 폭풍우에 휩쓸린 강 언저리
진창의 나뭇가지들
찢긴 잎이 결연하다

지친 발을 멈추고 젖은 눈으로 시청한다
먹구름 낀 하늘에 생생한 빛 불어넣는
밑바닥 살아내는 일
눈부시다 때로는
—「틴들현상에 대한 명상」 전문

틴들현상은 입자들에 부딪친 햇빛이 신비로운 빛줄기를 만들어내는 것을 말한다. 빛내림으로 말미암아 이와 같은 일이 생긴다. 이 시조에서는 특히 둘째 수를 주목하게 된다. 즉 '찬란한 빛이 내려 집중으로 꽂히는 곳/엊그제 폭풍우에 휩쓸린 강 언저리/진창의 나뭇가지들/찢긴 잎이 결연하다'에서 하고 싶은 말을 다하고 있다. 시인의 감각이 남달리 미세하다. 어떻게 이런 섬세한 촉수를 가다듬게 된 것일까. 아무래도 천부적이라고 말할 수밖에 없을 듯 하다. 새로운 이미지를 포착하여 형상화하는 과정이 이채롭다. 빛이 집중적으로 꽂히는 곳은 '폭풍우에 휩쓸린 강 언저리'이고, 찢긴 잎이 결연하기까지 한 나뭇가지들이다. 거기에서 '밑바닥 살아내는 일'이 때로 눈부신 것을 읽는다.

너도 한 번
박차고 뛰어나가 보겠는가
대오의 끄트머리 못 벗어난 보폭의 한계
단번에 무너뜨리고
날아올라 보겠는가

겨냥한
과녁을 향해 표창을 던지듯이
쳇바퀴 저 밖으로 나를 떼미는 거다
발 앞의 돌멩이 하나도
새로 읽는 이즈음에

헐거워진
밑바닥을 거미줄 쳐 맴돈 시간
어느 날 쪼개질 듯 번갯불을 안는 순간
암팡진 날개가 되어 힘차게 나는 거다

반란은
꿈도 못 꿨던 따라지의 저린 오금

껴지게 어깨를 펴고 삿대질도 한 번하고
중심에 화살촉 하나
결곡하게 박는 거다
—「돌멩이를 보면 차고 싶다」 전문

우리 시조가 지나치게 얌전하고 예쁘고 단아한 것이 적지 않은 흠결이라고 볼 때 백점례 시인의 「돌멩이를 보면 차고 싶다」는 완강한 일탈을 꿈꾸고 노래하고 있다는 점에서 눈길을 끈다. '대오의 끄트머리 못 벗어난 보폭의 한계'를 박차고 뛰어나가 볼 것을, '단번에 무너뜨리고/날아올라' 볼 것을 은근슬쩍 권한다. 또한 '쳇바퀴 저 밖'으로 '나를 떼미는' 일을 과감하게 해보라고 주문한다. 물론 '발 앞의 돌멩이 하나도/새로 읽는 이즈음'에 와서 긴박하게 생각하는 문제다. 그리고 자신의 지금까지의 삶을 '헐거워진/밑바닥을 거미줄 쳐 맴돈 시간'이라는 아주 적절한 비유로 제시한다. 그러면서 '어느 날 쪼개질 듯 번갯불을 안는 순간/암팡진 날개가 되어 힘차게' 날아오를 것을 희구한다. 이어서 '반란은/꿈도 못 꿨던 따라지의 저린 오금'이었던 자신을 다그치면서 '껴지게 어깨를 펴고 삿대질도 한 번하고/중심에 화살촉 하나/결곡하게 박'고자 한다.

화자의 단호한 결기에 전율할 정도다. 「돌멩이를 보

면 차고 싶다」는 시인이 어떠한 각오로 문학에 임하고 있으며, 어떤 작심으로 시조를 쓰고 있는지를 여실하게 말해준다. 든든한 시 정신과 강렬한 도전의식을 높이 살 일이다.

참 고단한 항해였다
거친 저 난바다 속
풍랑을 맨손으로 돌리고 쳐내면서
한 생애, 다 삭은 뒤에 가까스로 내게 왔다

그 무슨 불빛 있어
예까지 내달려 왔나
가랑잎 배 버선 한 척 나침반도 동력도 없이
올올이 힘줄을 풀어 비바람을 묶어낸 날

모지라진 이물쪽에 얼룩덜룩 번진 설움
다잡아 꿰맨 구멍은 지난날 내 죄였다
자꾸만 비워 낸 속이 껍질만 남아 있다

꽃무늬 번 솔기 하나 머뭇대다 접어놓고
주름살 잔물결이 문지방에 잦아든다
어머니, 바람 든 뼈를
꿈꾸듯이 말고 있다
—「버선 한 척, 문지방에 닿다」 전문

「버선 한 척, 문지방에 닿다」는 그의 등단 작품이다. 당시 심사위원이었기에 심사평을 옮겨본다.

> 곡식을 되로 될 때 반듯하게 깎아서 정량만 주는 사람이 있는가 하면 또 어떤 이는 덤으로 한 줌 더 얹어 주기도 한다. 그 한 줌으로 말미암아 그 사람은 인심이 후하다는 말을 듣게 된다. 응모작들은 저마다 되로 담기에는 모자라지 않았지만, 흑백 속에 숨어 있는 긁힌 상처의 흔적을 읽어내는 일에 다소간 편차를 보였다. 인심이 후하다는 말을 들을 길은 없는 선자는 여러 작품들 중에 단 한 편만 으뜸의 자리에 앉힌다.
>
> 당선작 백점례 씨의 「버선 한 척, 문지방에 닿다」의 시적 배경이나 제재는 결코 새로운 것은 아니다. 인생을 '항해'로 본 것이 그것이고, 몇 군데 낯익은 표현이 드러나고 있는 점도 그렇다. 그러나 제목에서 보듯 참신한 착상과 네 수 한 편이 일정한 톤을 유지하며 주제 구현을 향한 강한 응집력을 보이고 있는 점에서 다른 응모작들을 뒤로 제쳐놓게 하였다. 특히 '어머니의 버선'으로 은유된 '배'의 항해를 육화하는 과정에서 보여준 '풍랑을 맨손으로 돌리고 쳐내면서'와 '올올이 힘줄을 풀어 비바람을 묶어낸 날' 등과 같은 대목은 인생과 세계에 대한 개성적인 재해석과 리얼리티를 내장하고 있다.

다음은 박성민 시인의 평이다.

독특한 제목으로 독자의 시선을 끄는 작품이다. 거친 삶의 항해를 마감하고 비로소 문지방에 닿은 어머니의 버선 한 척에서 '얼룩덜룩 번진 설움'을 형상화하여 주제를 선명하게 이끌어 낸 점이 돋보인다. '다잡아 꿰맨 구멍'과 '자꾸만 비워 낸 속'에서는 어머니의 희생이 느껴지며 '올올이 힘줄을 풀어 비바람을 묶어낸 날'에서는 가정을 지탱하기 위해서 강해져야만 했던 모성애가 드러난다. '꽃무늬 번 솔기 하나'와 같은 표현도 버선을 시각적으로 형상화하는 데에 기여하고 있다. 마지막 수에서 어머니의 주름살을 잔물결과 자연스럽게 병치하는 능숙함도 보여주면서 어머니의 버선을 '바람 든 뼈'로 묘사하여 독자의 공감대를 형성하고 있다.

「버선 한 척, 문지방에 닿다」는 시종일관 한 흐름으로 주제를 구현하는 집중력과 기량, 그리고 비범한 조사 능력에서 신뢰가 가는 작품이다.

용접공의 데인 하루 창문가에 접어놓고

막 끓은 저녁 밥상 웃음소리 팽창할 때

그 아내 만삭의 몸도

한 시절이 닫혔다
—「만월」 전문

불꽃과 더불어 사는 이가 용접공이다. 용접공이 '데인 하루'를 창문가에 밀쳐놓고 난 후 저녁 밥상 앞에 웃음소리가 팽창하고 있다. 중장에서 팽창은 곧 종장 아내의 만삭의 몸과 접맥되는 것과 동시에 초저녁 둥실 뜨는 보름달로 전이되는 미적 전개 과정을 보여준다. 만월은 충만함이요 익음이다. 출산을 앞둔 신비로운 존재다. 현실의 삶은 지난하지만 이처럼 서민의 삶은 화평을 이룬다. 따뜻한 '저녁 밥상, 웃음소리, 만삭, 보름달'의 이미지들이 결집되어 평화로운 분위기를 이끌고 있다.

단시조 「만월」의 의미는 이렇듯 웅숭깊다.

완창 이루지 못한 툭툭 끊긴 소절들이
비바람 속 벌레 먹힌 관절마다 맺혀 있고
마지막 한 움큼 속말
뽑아 읊는 저물녘
—「억새꽃 언덕」 중에서

억새꽃 언덕에서 완창을 생각한다. '완창 이루지 못한 툭툭 끊긴 소절들이/비바람 속 벌레 먹힌 관절마다 맺혀 있고'라는 대목이 명징한 이미지로 직조되어 있다. 이 구절에서 인생길이 얼마나 험난하며 역경을 이기기 위해서는 상처가 뒤따를 수밖에 없음을 분명하게 일깨워준다. 세상에 왔으면 우리는 우리의 노래를 다 부르고 떠나야 한다. 완창에 이르지 못하고 생을 마감한다면 한 맺힌 일이 될 것이다.

두껍고 고요한 벽을
누가 자꾸 두드린다
반듯하게 드러누운 그 속은 한결같이
문 하나
보이지 않고
틈새 모두 감춘다

멀리 갔다 돌아오는

환한 길이 미끄럽다
쪼아 보다 닳은 부리 날개 휘청 감기는데
속내를
다 보여줄 듯
반짝반짝 웃는 물결

풀린 듯
조여 있는 그 속 한 번 열고 싶다
지느러미 감춘 꼬리 곤두박여 찾는 동안
물렁한
그 벽은 다시

수평만을 재고 있다

—「수면에 관한 단상」 전문

수면은 신비스럽다. 같은 물인데 아래로 가라앉은 물은 무엇이며, 물낯바닥을 차지하고 있는 물은 또 무엇인가. 이러한 현상은 물론 과학적으로 설명이 가능하겠지만, 문학적인 사유로 볼 때 다양한 접근을 할 수 있을 것이다. 겨울에 얼어붙을 때 수면의 물이 먼저 얼어붙게 마련이다. 그 때 물끼리 어떤 갈등이나 충돌이 일어나지 않을까 하는 생각이 든다. 수면은 틈새가 없다. 문이 보이지 않는다. 반듯하게 드러누운 상태이기 때문이다. '두껍고 고요한 벽을/누가 자꾸 두드'리는 것일까. 둘째 수에서 물의 움직임이 보인다. 그런 까닭에 '멀리 갔다 돌아오는/환한 길이 미끄럽다'라는 수사에는 생동감이 넘친다. 한 마리 새도 등장하여 역동적인 분위기를 연출한다. 부리가 쪼는 일은 한계가 있다. 물은 속내를 다 보여주지 않고 반짝반짝 웃기만 한다. 그곳은 '풀린 듯/조여 있는' 곳이어서 그 속을 열어 보고 싶은 강한 충동을 느낀다. 그러나 '물렁한/그 벽은 다시/수평'만을 재고 있다.

「수면에 관한 단상」은 시인이 얼마나 하나의 시적 사안을 두고 새로운 착상과 더불어 천착에 깊이 몰입하고 있는 지를 잘 보여주는 시편이다.

강물에 제 그림자 씻고 있는 푸른 코트
어쩌면 이 시대의 쓸쓸한 로맨티스트
나 한 번 그대 곁에서
살아봤으면 싶었네

바람 들자 팔을 드는 수천 개의 캐스터네츠
팔랑팔랑, 딸랑딸랑 배꼽 내놓고 웃네
세속의 먼지 다 씻은
맑고 얇은 손바닥

반듯한 한 줄기 순정
반짝이는 이마 곁에
떼쓰며 토라지며 마음놓고 뒤척이며
한 잎의 천진한 얼굴로 살아가고 싶었네
—「미루나무 수사학」 전문

「미루나무 수사학」은 재미있게 읽힌다. 미루나무는 멋쟁이 나무다. 그 훤칠한 키가 멋진 한 사내를 떠올릴 법도 하다. 쓸쓸한 로맨티스트를 향한 연모의 정이 자연스럽다. 그대 곁에서 한번 살아 보았으면 하는 심경에 수긍이 간다. 그리고 수천 개의 캐스터네츠의 떨림과 울림은 장쾌하기까지 하다. '세속의 먼지 다 씻은/맑고 얇은 손바닥'이라는 표현은 순수한 이미지를 극명하게 드러내고 있다. 셋째 수 '반듯한 한 줄기 순정/반짝이는 이마 곁에/떼쓰며 토라지며 마음 놓고 뒤척이며/한 잎의 천진한 얼굴'로 살아가고 싶다는 말에 공감하지 않을 이는 없을 것이다.

1
마침내 당도했네, 정갈한 도마 위에
어릿광대 놀음으로 거친 풍랑 줄을 타다
멱찬 속 비워낼 순간 도리 없이 기다리네

난바다 깊은 수렁 비린내만 채웠던가
더께 앉은 물때마저 온몸에 물큰거리고
앙다문 아가미 속에 부풀다만 은빛 부레

2
비워낸 가슴팍에 소금꽃을 받아 안네
젖은 생각 말린 뒤엔 가볍게 잠이 들까
내 삶이 고소해지는 저녁 식탁 그리네
—「나를 염하는 시간」 전문

순명의 시간을 본다. 자신의 종언을 어떤 자세로 맞을 것인지에 대한 미리 써둔 유언장과 같은 느낌이다. 끝 즉 정갈한 도마 위에 당도하게 된 것을 '마침내'라고 말할 수 있는 여유가 놀랍다. 기다렸다는 의미를 품고 있기 때문이다. 거친 풍랑의 줄을 타던 어릿광대 놀음을 끝내고 먹찬 속 비워낼 순간을 맞은 것이다. 난바다의 깊은 수렁을 거쳐 오는 동안 겪은 고초의 순간과 희열의 때를 떠올리는 한 마리의 물고기, 그는 곧 시의 화자다. 빈 가슴팍에 소금꽃을 받아 안고 가볍게 잠들 날을 기다리고 있기에 죽음은 향기롭고도 고결하다. 내가 죽어 삶이 고소해지는 저녁 식탁을 차릴 수 있기에 그렇다.

자신을 염함으로써 이렇듯 순명의 순간을 평온히 맞게 되었을 것이다.

3

지금까지 백점례 시인의 시조 세계를 살펴보았다. 텍스트로 다루지 못했지만 많은 작품들이 시조의 새로운 지평을 여는 문제작으로 읽힌다. 시인의 시선은 다각도로 열려 있고, 육화 과정에서 자신만의 어조와 새로운 표현 기법을 적극적으로 도입하여 일정한 미학적 성취를 이루고 있다. 이러한 형상능력은 타고난 바도 있겠지만, 긴 세월 동안 각고의 공정이 있었기에 가능한 일이 아닐까 생각한다. 신인이 이만한 함량을 내장한 창의적 세계를 창출하는 일은 결코 쉽지 않다.

창창한 장도의 길에 빛부신 하늘의 은총이 어찌 함께 하지 않겠는가! 앞으로 대성하여 시조문학사의 중요한 몇 페이지를 차지하게 되기를 빈다. 괄목상대의 첫 시집 『버선 한 척』의 상재를 거듭 축하하는 바이다.

만인시인선 52

버선 한 척

초판 인쇄 2014년 1월 25일
초판 발행 2014년 1월 30일

지은이 / 백 점 례
펴낸이 / 박 진 환

펴낸 곳 / 만인사
출판등록 / 1996년 4월 20일 제03-01-306호
주소 / 700-813 대구광역시 중구 명륜로 116
전화 / (053)422-0550
팩스 / (053)426-9543
전자우편 / maninsa@hanmail.net
홈페이지 / www.maninsa.co.kr

ISBN 978-89-6349-058-8 03810

값 8,000원

* 이 도서의 국립중앙도서관 출판시도서목록(CIP)은 서지정보유통지원시스템 홈페이지(http://seoji.nl.go.kr)와 국가자료공동목록시스템(http://www.nl.go.kr/kolisnet)에서 이용하실 수 있습니다(CIP제어번호 : CIP2014001833).